ICS 01.140
A 14
备案号:43464－2014

WH

中华人民共和国文化行业标准

WH/T 62—2014

音频资源元数据规范

Audio resources metadata specifications

2014－01－06发布 2014－04－01实施

中华人民共和国文化部 发布

图书在版编目(CIP)数据

WH/T 62—2014 音频资源元数据规范/中华人民共和国文化部发布. --北京:国家图书馆出版社,2016.4

中华人民共和国文化行业标准

ISBN 978－7－5013－5733－8

Ⅰ.①W… Ⅱ.①中… Ⅲ.①视听资料—数据管理—规范—中国 Ⅳ.①G255.73－65

中国版本图书馆 CIP 数据核字(2016)第 287762 号

书　　名　WH/T 62—2014 音频资源元数据规范

著　　者　中华人民共和国文化部　发布

责任编辑　高　爽　王炳乾

出　　版　国家图书馆出版社(100034　北京市西城区文津街 7 号)

（原书目文献出版社　北京图书馆出版社）

发　　行　010－66114536　66126153　66151313　66175620

66121706(传真),66126156(门市部)

E-mail　nlcpress@ nlc. cn(邮购)

Website　www. nlcpress. com ——→投稿中心

经　　销　新华书店

印　　装　北京科信印刷有限公司

版　　次　2016 年 4 月第 1 版　2016 年 4 月第 1 次印刷

开　　本　889×1194(毫米)　1/16

印　　张　2.25

字　　数　50 千字

书　　号　ISBN 978－7－5013－5733－8

定　　价　20.00 元

目　　次

前　　言

本标准按照 GB/T 1.1—2009 给出的规则起草。

请注意本文件的某些内容可能涉及专利。本文件的发布机构不承担识别这些专利的责任。

本标准由全国图书馆标准化技术委员会(SAC/TC 389)提出并归口。

本标准起草单位:国家图书馆、文化部全国公共文化发展中心、湖北省图书馆。

本标准起草人:汪东波、周晨、王秀香、崔延杰、范志毅。

音频资源元数据规范

1　范围

本标准规定了音频资源的著录单位和著录对象，确立了音频资源元数据规范的元素集及扩展规则，并详细定义了元素及其修饰词。

本标准针对音频资源的内容和外观特征进行规定，针对音频资源的通用性元素进行设计。如需要描述特定类型的元素，可以在本标准元数据框架的基础上进行扩展。

2　规范性引用文件

下列文件对于本文件的应用是必不可少的。凡是注日期的引用文件，仅注日期的版本适用于本文件。凡是不注日期的引用文件，其最新版本（包括所有的修改版）适用于本文件。

GB/T 2659—2000 世界各国和地区名称代码

GB/T 4880.2—2000 语种名称代码　第2部分:3字母代码

GB/T 7408—2005 数据元和交换格式　信息交换　日期和时间表示法

GB/T 18391.3—2009 信息技术　元数据注册系统(MDR)　第3部分:注册系统元模型与基本属性

GB/T 25100—2010 信息与文献　都柏林核心元数据元素集

DCMI Usage Board. DCMI Metadata Terms[EB/OL]. [2012-09-21]. http://dublincore.org/documents/dcmi-terms/.

T Berners-Lee, R Fielding, L Masinter. Uniform Resource Identifier(URI): Generic Syntax[EB/OL]. [2012-09-21]. http://www.ietf.org/rfc/rfc3986.txt.

Library of Congress. Metadata Object Description Schema[EB/OL]. [2012-09-21]. http://www.loc.gov/standards/mods/.

3　术语和定义

下列术语和定义适用于本文件。

3.1

都柏林核心元数据计划　Dublin Core Metadata Initiative;DCMI

都柏林核心元数据元素集的维护机构。

[GB/T 25100—2010,定义3.1]

3.2

音频资源　audio resources

用于存储载有声音的媒体，所记录的音频需用特定的回放设备（如:唱机、录音机、CD播放器或MP3

播放器等)播放。

注:音频资源既包括用数字信号存储的音频资源,也包括用模拟信号存储的音频资源。

3.3

元数据　metadata

定义和描述其他数据的数据。

[GB/T 18391.3—2009,定义 3.2.18]

3.4

元素　element

元数据集合中用于定义和描述数据的基本单元,由一组属性描述、定义、标识,并允许值限定。

3.5

修饰词　qualifier

当元素无法满足对资源对象的精确描述需要时进一步扩展出的术语。

注:修饰词包括两种类型:元素修饰词和编码体系修饰词。

3.6

元素修饰词　element refinement

对元素的语义进行修饰,提高元素的专指性和精确性。

3.7

编码体系修饰词　encoding scheme

用来帮助解析某个术语值的上下文信息或解析规则。

注:编码体系修饰词的形式包括受控词表、规范表或者解析规则。

3.8

规范文档　authority file

说明著录元素内容时依据的各种规范。

3.9

复用　reuse

在元数据应用过程中,对于其他元数据标准中已经有明确定义并适用于本应用领域的元素的直接使用,并在使用时明确标明其地址。

4　音频资源著录

4.1　著录单位

音频资源通常是以一个具有独立标识(如:一个唯一名称、ISRC、URI 等)的音频资源为著录单位,可以是成系列的音频资源、单个音频资源,也可以是从单个音频资源中析出的音频信息。

4.2　著录对象

本标准所指的音频资源包括由音频资源数字化而成的派生音频资源及原生数字音频资源。音频资源的不同对象之间存在包含关系、并列关系、派生关系以及参考关系。

——包含关系。系列音频资源与其所含的具有独立标识的单个音频资源之间,或者单个音频资源与其析出的音频信息之间存在包含关系。在存在包含关系的音频资源之间,宜采用多层次著录的方式,并用“包含”或“包含于”关联方式揭示各个层级音频资源之间的关系。

——并列关系。在同一系列音频资源或音频资源集合中各单个音频资源之间,或者从同一音频资源中析出的各音频信息之间存在并列关系。存在并列关系的音频资源宜分别著录。

——派生关系。音频资源原件与数字化音频资源之间存在派生关系。对数字化的网络音频资源而言,宜以内容表达(作品的知识或艺术的表现)为一个著录单位,即同一数字化出版者或数字化制作者的、同一内容的所有单件(可以是不同格式)为一个著录单位。也可以根据实际应用需求,对音频资源与其有派生关系的形式各自单独进行著录。

——参考关系。一个音频资源与另一个音频资源之间存在的参考或被参考的关系。宜以存在参考关系的音频资源为著录对象分别著录,并用“参照”或“被参照”的关联方式揭示参考关系。

5 元素集及扩展原则

5.1 元素集

音频资源的元数据元素集包括 18 个元素,见表 1。如有特别需要,可进行本地扩展。

表 1 音频资源元数据元素及修饰词列表

元素	元素修饰词	编码体系修饰词	复用其他标准
题名			dc:title
	并列题名		
	交替题名		
	其他题名信息		
创建者			dc:creator
主题			dc:subject
		汉语主题词表(CT)	
		中国分类主题词表(CCT)	
		中国图书馆分类法(CLC)	
		美国国会图书馆主题词表(LCSH)	
		美国国会图书馆分类法(LCC)	
描述			dc:description
	摘要		dcterms:abstract
	目次		dcterms:tableOfContents
	获奖		
	唱法		
	声部		
	演唱形式		
	演奏形式		
出版者			dc:publisher
其他责任者			dc:contributor

表 1　音频资源元数据元素及修饰词列表(续)

元素	元素修饰词	编码体系修饰词	复用其他标准
日期			dc:date
	创建日期		dcterms:created
		GB/T 7408—2005	
	发布日期		dcterms:issued
		GB/T 7408—2005	
	可获得日期		dcterms:available
		GB/T 7408—2005	
		GB/T 7408—2005	
类型			dc:type
		DCMI 类型词表(DCMIType)	
格式			dc:format
	大小		dcterms: extent
	时长		
	入点		
	出点		
	声道格式		
	音频编码格式		
	音频数据码率		
	音频采样频率		
	音频位深度		
	媒体		dcterms:medium
		因特网媒体类型(IMT)	
		因特网媒体类型(IMT)	
标识符			dc:identifier
		统一资源标识符(URI)	
		数字对象唯一标识符(DOI)	
		国际标准音像制品编码(ISRC)	
		国际标准书号(ISBN)	
来源			dc:source
		统一资源标识符(URI)	
		数字对象唯一标识符(DOI)	
		国际标准音像制品编码(ISRC)	
		国际标准书号(ISBN)	
语种			dc:language
		GB/T 4880.2—2000	
		RFC 4646	
关联			dc:relation
	原版本		dcterms:isVersionOf
		统一资源标识符(URI)	
		数字对象唯一标识符(DOI)	
		国际标准音像制品编码(ISRC)	
		国际标准书号(ISBN)	

表1　音频资源元数据元素及修饰词列表(续)

元素	元素修饰词	编码体系修饰词	复用其他标准
关联	其他版本		dcterms:hasVersion
		统一资源标识符(URI)	
		数字对象唯一标识符(DOI)	
		国际标准音像制品编码(ISRC)	
		国际标准书号(ISBN)	
	包含		dcterms:hasPart
		统一资源标识符(URI)	
		数字对象唯一标识符(DOI)	
		国际标准音像制品编码(ISRC)	
		国际标准书号(ISBN)	
	包含于		dcterms:isPartOf
		统一资源标识符(URI)	
		数字对象唯一标识符(DOI)	
		国际标准音像制品编码(ISRC)	
		国际标准书号(ISBN)	
	原格式		dcterms:isFormatOf
		统一资源标识符(URI)	
		数字对象唯一标识符(DOI)	
		国际标准音像制品编码(ISRC)	
		国际标准书号(ISBN)	
	其他格式		dcterms:hasFormat
		统一资源标识符(URI)	
		数字对象唯一标识符(DOI)	
		国际标准音像制品编码(ISRC)	
		国际标准书号(ISBN)	
	参照		dcterms:references
		统一资源标识符(URI)	
		数字对象唯一标识符(DOI)	
		国际标准音像制品编码(ISRC)	
		国际标准书号(ISBN)	
	被参照		dcterms:isReferencedBy
		统一资源标识符(URI)	
		数字对象唯一标识符(DOI)	
		国际标准音像制品编码(ISRC)	
		国际标准书号(ISBN)	
		统一资源标识符(URI)	
		数字对象唯一标识符(DOI)	
		国际标准音像制品编码(ISRC)	
		国际标准书号(ISBN)	

表 1　音频资源元数据元素及修饰词列表(续)

元素	元素修饰词	编码体系修饰词	复用其他标准
时空范围			dc:coverage
	空间范围		dcterms:spatial
		DCMI Point	
		GB/T 2659—2000	
		TGN	
	时间范围		dcterms:temporal
		DCMI Period	
		GB/T 7408—2005	
权限			dc:rights
	版权拥有者		dcterms:rightsHolder
	使用权限		dcterms:accessRights
版本			mods:edition
受众			dcterms:audience
馆藏信息			mods:location

5.2　扩展原则

5.2.1　现有元数据标准中,如果没有恰当的元素可供复用,允许自行扩展元素。

5.2.2　自行扩展的元素不能和已有的元素有任何语义上的重复。

5.2.3　扩展的修饰词必须遵循向上兼容原则,即修饰词在语义上不能超出被修饰词(元素)的语义。

5.2.4　新增加的元素和修饰词须优先采用 DCMI 中的元素和修饰词,或者是现有其他元数据标准中的元素和修饰词。

5.2.5　新增元素如果复用来自其他元数据标准的元素或修饰词,必须说明来源,使用时严格遵循其语义。

6　元素集及元素定义说明

在本标准中,元素名称为小写英文,当名称为两个或两个以上英文单词时,词间应空格,并保证与其他语种的元数据标准(如 DC)应用保持语义一致性;标签为中文,便于人们阅读。

本标准所有元素/修饰词均为非限制性的,如果在特定的项目或应用中使用,可进行必要的扩展,并增加使用说明。本标准中的元素描述及示例中有可能涉及扩展描述。

本标准中的标签只是元素名的一个语义属性,在具体的应用领域,为突出资源的个性和元数据的专指性,更好地体现该元素在具体应用中的语义,允许赋予其适合的标签,但语义上与原始定义不允许有冲突、不允许扩大原始定义的语义。

本标准定义的所有元素与顺序无关。同一元素多次出现,其排序可能是有意义的,但不能保证排序会在任何系统中保存下来。

为了便于理解与使用,每一元素后增加一些示例,说明其具体用法,但元素的使用当不限于示例所举。

为规范元数据标准中元素及修饰词等术语的定义,本标准所有元素术语的定义借鉴 DCMI 术语的定义方法以及 GB/T 18391.3—2009 标准,根据实际使用情况,按表 2 中 14 个方面进行定义:

表 2　音频资源元数据规范术语定义

序号	属性名	属性定义	约束
1	名称(Name)	赋予术语的唯一标记,一般为英文小写	必备
2	出处(Defined By)	一般给出定义术语(特别是给出术语“名称”与“统一资源标识符”)的来源名称及来源的 URI。如无来源名称与 URI,也可以是定义术语或维护术语的机构名称。或者也可以是书目引文,指向定义该术语的文献	必备
3	标签(Label)	描述术语的可读标签,一般为中文,可随资源不同选择不同的描述术语	必备
4	定义(Definition)	对术语概念与内涵的说明	必备
5	注释(Comments)	关于术语或其应用的其他说明,如特殊的用法等	可选
6	术语类型(Type of Term)	术语的类型。其值为:元素、元素修饰词和编码体系修饰词	必备
7	限定(Refines)	在定义元素修饰词时,在此明确指出该术语修饰的元素。一般给出所修饰元素的名称,但允许按中文习惯引用其标签,推荐同时给出 URI	有则必备
8	元素修饰词(Refined By)	在定义元素时,在此项中给出限定此元素的元素修饰词。一般给出元素修饰词的名称,但允许按中文习惯引用其标签,推荐同时给出 URI	有则必备
9	编码体系应用于(Encoding Scheme For)	在定义编码体系修饰词时,在此给出该术语修饰的元素。一般给出所修饰元素的名称,但允许按中文习惯引用其标签,推荐同时给出 URI	有则必备
10	编码体系修饰词(Encoding Scheme)	在定义元素时,如果元素有编码体系修饰词,在此给出编码体系修饰词,一般给出术语的名称,推荐同时给出 URI	有则必备
11	数据类型(Data Type)	术语允许取值的数据类型	可选
12	版本(Version)	产生该术语的元数据规范版本	可选
13	语言(Language)	说明术语的语言	可选
14	频次范围(Occurrence)	术语使用的频次范围。采用区间的表示方法:[min,max],同时包括了对必备性和最大使用频率的定义。如:min =0 表示可选;min =1 表示必备;max =10 表示最大使用频率为 10 次;max = ∞ 表示最大使用频率没有限制	可选
注:上述 14 个属性可以固定取值的: a)版本:1.0; b)语言:缺省为简体中文; c)数据类型:字符串; d)频次范围:一般不限,为[0,∞),在制订著录规则时应给出实际的范围			

7　元素及其修饰词定义

7.1　元素

7.1.1　题名

名称:title

出处:http://dublincore.org/documents/dces/

标签:题名

定义:赋予音频资源的名称。

注释:音频资源的名称,一般指音频资源正式公开的名称,也包括编目员自拟的名称。

术语类型:元素

元素修饰词:并列题名(parallel title);交替题名(alternative);其他题名信息(other title information)

示例:

题名:天路

7.1.2 创建者

名称:creator

出处:http://dublincore.org/documents/dces/

标签:创建者

定义:创建音频资源内容的主要责任者。

注释:创建者的实体包括个人、组织或某项服务。通常用创建者的名称来标识这一条目。建议为创建者名称建立规范档。

术语类型:元素

示例:

创建者:中国东方交响乐团

7.1.3 主题

名称:subject

出处:http://dublincore.org/documents/dces/

标签:主题

定义:音频资源内容的主题描述。

注释:用受控词汇或非受控词汇标引音频资源的主题。一般采用关键词、规范化的主题词或分类号来描述。描述音频资源时间或空间主题宜采用“时空范围”元素。

术语类型:元素

编码体系修饰词:CT;CCT;CLC;LCSH;LCC

示例:

主题:京剧音乐

编码体系修饰词:CT

7.1.4 描述

名称:description

出处:http://dublincore.org/documents/dces/

标签:描述

定义:音频资源内容的说明。

术语类型:元素

元素修饰词:摘要(abstract);目次(table of contents);获奖(awards);唱法(singing method);声部

(voice part);演唱形式(form of singing);演奏形式(form of playing)

示例:

描述:根据同名传统剧整理改编

7.1.5 出版者

名称:publisher

出处:http://dublincore.org/documents/dces/

标签:出版者

定义:使音频资源可以获得和利用的责任实体。

注释:出版者包括个人、组织或某项服务。通常用出版者的名称来标识这一元素。

术语类型:元素

示例:

出版者:中国唱片总公司

7.1.6 其他责任者

名称:contributor

出处:http://dublincore.org/documents/dces/

标签:其他责任者

定义:对音频资源做出贡献的其他责任实体。

注释:其他责任者的实体包括个人、组织或某项服务。通常用其他责任者的名称来标识这一条目。建议为其他责任者名称建立规范档。具体应用时,宜采用 *UNIMARC Manual: Bibliographic Format* 中“Appendix C: Relator Codes”(附录 C:责任关系词代码)对“其他责任者”元素进行限定。

术语类型:元素

示例:

其他责任者:陶海清

7.1.7 日期

名称:date

出处:http://dublincore.org/documents/dces/

标签:日期

定义:与音频资源生命周期中的一个事件相关的时刻或一段时间。

注释:一般而言,日期应与资源的创建或可获得的日期相关。采用的日期格式应符合 GB/T 7408—2005 标准,建议采用 YYYY - MM - DD 的格式著录。

术语类型:元素

元素修饰词:创建日期(created);发布日期(issued);可获得日期(available)

编码体系修饰词:GB/T 7408—2005

示例:

日期:2010 - 10 - 12

编码体系修饰词:GB/T 7408—2005

7.1.8 类型

名称:type

出处:http://dublincore.org/documents/dces/

标签:类型

定义:音频资源的特征或类型。

注释:类型包括描述资源内容的一般范畴、功能、种属或聚类层次的术语。若要描述资源的文件格式、物理媒体或尺寸规格,宜采用“format”元素。本标准中,建议将类型缺省取值为“音频资源”。也可根据具体应用采用其他编码体系修饰词,例如:DCMI 类型词表[DCMIType]。

术语类型:元素

编码体系修饰词:DCMIType

示例:

类型:音频资源

7.1.9 格式

名称:format

出处:http://dublincore.org/documents/dces/

标签:格式

定义:音频资源的文件格式、物理媒体或尺寸规格。

注释:一般而言,格式可能包括资源的媒体类型或资源的大小,格式元素可以用来决定展示或操作资源所需的软硬件或其他相应设备,其中资源的大小又包括资源所占的存储空间或资源的持续时间(如播放时间)。建议采用来自于受控词表中的值,比如 Internet 媒体类型[MIME]定义的计算机媒体格式。

术语类型:元素

元素修饰词:大小(extent);时长(duration);入点(starting point);出点(ending point);声道格式(audio channel format);音频编码格式(audio coding format);音频数据码率(audio data rate);音频采样频率(audio sampling frequency);音频位深度(audio bit depth);媒体(medium)

编码体系修饰词:IMT

示例:

格式. 大小:4.3MB

7.1.10 标识符

名称:identifier

出处:http://dublincore.org/documents/dces/

标签:标识符

定义:在特定上下文环境中,给予音频资源的一个明确的标识。

注释:建议采用符合正式标识体系的字符串进行标识。正式的标识体系包括但不限于 URI、DOI、ISRC、ISBN 等。

术语类型:元素

编码体系修饰词:URI;DOI;ISRC;ISBN

示例:

标识符:978－7－88515－444－8

编码体系修饰词:ISBN

7.1.11 来源

名称:source

出处:http://dublincore.org/documents/dces/

标签:来源

定义:与当前音频资源来源有关的资源。

注释:当前资源可能部分或全部源自来源元素所标识的资源。建议采用符合正式标识体系的字符串进行标识。

术语类型:元素

编码体系修饰词:URI;DOI;ISRC;ISBN

示例:

来源:7－88414－504－9

编码体系修饰词:ISBN

7.1.12 语种

名称:language

出处:http://dublincore.org/documents/dces/

标签:语种

定义:描述音频资源内容的语种。

注释:建议采用 GB/T 4880.2—2000、RFC 4646 进行标识,也可采用机构自拟的受控词表进行标识。

术语类型:元素

编码体系修饰词:GB/T 4880.2—2000;RFC 4646

示例:

语种:eng

编码体系修饰词:GB/T 4880.2—2000

7.1.13 关联

名称:relation

出处:http://dublincore.org/documents/dces/

标签:关联

定义:相关资源。

注释:指明与本音频资源存在某种关系的其他资源。建议采用符合正式标识体系的字符串进行标识。

术语类型:元素

元素修饰词:原版本(is version of);其他版本(has version);包含(has part);包含于(is part of);原格

式(is format of);其他格式(has format);参照(references);被参照(is referenced by)

编码体系修饰词:URI;DOI;ISRC;ISBN

示例:

关联．包含于:长征组歌

注:题名:过雪山草地

7.1.14 时空范围

名称:coverage

出处:http://dublincore.org/documents/dces/

标签:时空范围

定义:音频资源所涉及的空间或时间主题,即资源所适用的空间或资源所辖的范围。

注释:资源所涉及的空间主题或所适用的空间范围可以是一个地名或地理坐标,时间范围可以是一个时间间隔、日期或日期范围。所辖范围可以是资源所适用的行政实体或地理区域。建议采用受控词表,例如地理名称叙词表[TGN],并应尽可能地使用由数字表示的坐标或日期范围来描述地名与时间段。

术语类型:元素

元素修饰词:空间范围(spatial);时间范围(temporal)

示例:

时空范围．时间范围:name = The Great Depression;start = 1929;end = 1939;

编码体系修饰词:period

7.1.15 权限

名称:rights

出处:http://dublincore.org/documents/dces/

标签:权限

定义:音频资源本身的所有者权利信息以及被赋予的权限信息。

注释:权限信息通常指与资源相关的各种产权声明,包括知识产权。

术语类型:元素

元素修饰词:版权拥有者(rights holder);使用权限(access rights)

示例:

权限:北京大学局域网内使用

7.1.16 版本

名称:edition

出处:http://www.loc.gov/standards/mods/

标签:版本

定义:指明音频资源的版本信息。

注释:某一种音频资源因演唱、演奏、编辑、制作形式的不同而产生的另一种音频资源,但不包括格式的差别。

术语类型:元素

示例:

版本:素材版

7.1.17 受众

名称:audience

出处:http://purl. org/dc/terms/

标签:受众

定义:利用音频资源的各类实体。

术语类型:元素

示例:

受众:青少年

7.1.18 馆藏信息

名称:location

出处:http://www. loc. gov/standards/mods/

标签:馆藏信息

定义:音频资源的馆藏信息。

术语类型:元素

示例:

馆藏信息:中央人民广播电台

7.2 元素修饰词

7.2.1 并列题名

名称:parallel title

出处:国家图书馆音频资源元数据规范与著录规则

标签:并列题名

定义:用另一种语言文字表示的题名。

术语类型:元素修饰词

限定:题名(title)

示例:

并列题名:Flower and youth

7.2.2 交替题名

名称:alternative

出处:国家图书馆音频资源元数据规范与著录规则

标签:交替题名

定义:音频资源正式名称的别名。

注释:可替代音频资源正式名称使用的别名,但不包括并列题名。

术语类型:元素修饰词

限定:题名(title)

示例:

交替题名:四段曲

7.2.3 其他题名信息

名称:other title information

出处:国家图书馆音频资源元数据规范与著录规则

标签:其他题名信息

定义:用来限定、补充、解释、说明正式题名的文字。

术语类型:元素修饰词

限定:题名(title)

示例:

其他题名信息:故事片《怒潮》插曲

7.2.4 摘要

名称:abstract

出处:http://purl. org/dc/terms/

标签:摘要

定义:音频资源内容的概要。

术语类型:元素修饰词

限定:描述(description)

示例:

摘要:经典版越剧《红楼梦》创作演出于五十年代末期,一出现便不同凡响,徐玉兰、王文娟成为全国知名的"宝哥哥""林妹妹",越剧从地方走向全国,乃至海外。老一辈越剧艺术家们以非凡的勇气和细腻精到、出神入化的创造,在表现原著的深度和审美价值上超越了前人,把人们所熟悉的人物形象成功地树立在舞台上,为广大观众所接受,产生了"曾经沧海难为水,除却巫山不是云"的效应,并对后来者包括其他剧种与影视创作的"红楼戏"都颇有影响。当时戏剧评论家张真先生撰文称它是"我国舞台上演《红楼梦》的一个里程碑"。它使得中国人破天荒地对红楼故事予以全民关注。曹雪芹的"伤心泪"真正在雅俗共赏的观众海洋中得到了全体性汇聚。它是一出集越剧人心血的真正意义上的传世力作,堪称"红楼戏"的永恒经典。

7.2.5 目次

名称:table of contents

出处:http://purl. org/dc/terms/

标签:目次

定义:音频资源的子单元列表。

术语类型:元素修饰词

限定:描述(description)

示例:

目次:1. 民歌大联唱;2. 走西口;3. 爱你在心口难开;4. 篱笆墙的影子;5. 大海;6. 咱们的领袖毛泽东;7. 圪梁梁;

8. 青藏高原;9. 想亲亲想在心眼眼上;10. 杨柳青;11. 绣荷包

7.2.6 获奖

名称:awards

出处:国家图书馆音频资源元数据规范与著录规则

标签:获奖

定义:音频资源的获奖情况。

注释:包括作品获奖、获奖作品中个人获奖以及团体获奖。一般描述资源所获奖项的名称、所获奖项的项目名称、获奖者、获奖年度或届次、颁奖日期。

术语类型:元素修饰词

限定:描述(description)

示例:

获奖:2010 年第五届 CCTV 相声大赛职业组一等奖

7.2.7 唱法

名称:singing method

出处:国家图书馆音频资源元数据规范与著录规则

标签:唱法

定义:演唱者的发声方法。

注释:仅供声乐用,元素修饰词的取值建议采用美声、民族、通俗、其他。

术语类型:元素修饰词

限定:描述(description)

示例:

唱法:美声

7.2.8 声部

名称:voice part

出处:国家图书馆音频资源元数据规范与著录规则

标签:声部

定义:演唱者的声音特征。

注释:仅供声乐用,元素修饰词的取值建议采用男声、女声、童声、混声(指男声、女声及童声混合)。

术语类型:元素修饰词

限定:描述(description)

示例:

声部:童声

7.2.9 演唱形式

名称:form of singing

出处:国家图书馆音频资源元数据规范与著录规则

标签:演唱形式

定义:歌曲的演唱方式。

注释:仅供声乐用,元素修饰词的取值建议采用独唱、齐唱、合唱、重唱、联唱、对唱、轮唱、表演唱、领唱合唱、组合唱、其他。

术语类型:元素修饰词

限定:描述(description)

示例:

演唱形式:独唱

7.2.10 演奏形式

名称:form of playing

出处:国家图书馆音频资源元数据规范与著录规则

标签:演奏形式

定义:乐曲的演奏方式。

注释:仅供器乐曲或配乐用,元素修饰词的取值建议采用独奏、重奏、齐奏、合奏、协奏。

术语类型:元素修饰词

限定:描述(description)

示例:

演奏形式:独奏

7.2.11 创建日期

名称:created

出处:http://purl.org/dc/terms/

标签:创建日期

定义:音频资源创建的日期。

术语类型:元素修饰词

限定:日期(date)

编码体系修饰词:GB/T 7408—2005

示例:

创建日期:2011-06-30

编码体系修饰词:GB/T 7408—2005

7.2.12 发布日期

名称:issued

出处:http://purl.org/dc/terms/

标签:发布日期

定义:音频资源正式发布(例如出版)的日期。

术语类型:元素修饰词

限定:日期(date)

编码体系修饰词:GB/T 7408—2005

示例:

发布日期:2011 - 07 - 05

编码体系修饰词:GB/T 7408—2005

7.2.13 可获得日期

名称:available

出处:http://purl.org/dc/terms/

标签:可获得日期

定义:音频资源将在这段时间内可以获得或曾经可以获得(通常是一个时间区间)。

术语类型:元素修饰词

限定:日期(date)

编码体系修饰词:GB/T 7408—2005

示例:

可获得日期:2000 - 01 - 02/2002 - 01 - 02

编码体系修饰词:GB/T 7408—2005

7.2.14 大小

名称:extent

出处:http://purl.org/dc/terms/

标签:大小

定义:音频资源的大小。

术语类型:元素修饰词

限定:格式(format)

示例:

大小:4.3MB

7.2.15 时长

名称:duration

出处:国家图书馆音频资源元数据规范与著录规则

标签:时长

定义:音频资源正式有效内容的实际时间长度。

注释:建议采用 hh:mm:ss 的格式著录。

术语类型:元素修饰词

限定:格式(format)

示例:

时长:04:45:00

7.2.16 入点

名称:starting point

出处:国家图书馆音频资源元数据规范与著录规则

标签:入点

定义:音频资源正式有效内容的起始点时间。

注释:建议采用 hh:mm:ss 的格式著录。

术语类型:元素修饰词

限定:格式(format)

示例:

入点:00:00:00

7.2.17 出点

名称:ending point

出处:国家图书馆音频资源元数据规范与著录规则

标签:出点

定义:音频资源正式有效内容的结束点时间。

注释:建议采用 hh:mm:ss 的格式著录。

术语类型:元素修饰词

限定:格式(format)

示例:

出点:00:05:10

7.2.18 声道格式

名称:audio channel format

出处:国家图书馆音频资源元数据规范与著录规则

标签:声道格式

定义:描述音频资源声音通道之间的关系。

术语类型:元素修饰词

限定:格式(format)

示例:

声道格式:立体声

7.2.19 音频编码格式

名称:audio coding format

出处:国家图书馆音频资源元数据规范与著录规则

标签:音频编码格式

定义:数字音频采样序列的编码格式。

术语类型:元素修饰词

限定:格式(format)

示例:

音频编码格式:MPEG1 Layer3

7.2.20 音频数据码率

名称:audio data rate

出处:国家图书馆音频资源元数据规范与著录规则

标签:音频数据码率

定义:音频数据码流的每秒传输比特值。

术语类型:元素修饰词

限定:格式(format)

示例:

音频数据码率:192Kbps

7.2.21 音频采样频率

名称:audio sampling frequency

出处:国家图书馆音频资源元数据规范与著录规则

标签:音频采样频率

定义:在音频资源数字化时的音频采样频率(或称取样率)。

术语类型:元素修饰词

限定:格式(format)

示例:

音频采样频率:48KHz

7.2.22 音频位深度

名称:audio bit depth

出处:国家图书馆音频资源元数据规范与著录规则

标签:音频位深度

定义:在音频资源数字化时,样本音频信息使用的比特数,也称为声音样本量的量化深度。

术语类型:元素修饰词

限定:格式(format)

示例:

音频位深度:8bit

7.2.23 媒体

名称:medium

出处:http://purl. org/dc/terms/

标签:媒体

定义:音频资源的物质载体或组成材料。

术语类型:元素修饰词

限定:格式(format)

编码体系修饰词:IMT

示例：

媒体：audio/mpeg

编码体系修饰词：IMT

7.2.24 原版本

名称：is version of

出处：http://purl.org/dc/terms/

标签：原版本

定义：说明另一资源是本音频资源的原版本。

术语类型：元素修饰词

限定：关联(relation)

编码体系修饰词：URI；DOI；ISRC；ISBN

示例：

原版本：Symphonies No. 4 and No. 8

注：题名：贝多芬第四，第八交响曲

7.2.25 其他版本

名称：has version

出处：http://purl.org/dc/terms/

标签：其他版本

定义：说明另一资源是本音频资源的不同版本。

术语类型：元素修饰词

限定：关联(relation)

编码体系修饰词：URI；DOI；ISRC；ISBN

示例：

其他版本：贝多芬第四，第八交响曲

注：题名：Symphonies No. 4 and No. 8

7.2.26 包含

名称：has part

出处：http://purl.org/dc/terms/

标签：包含

定义：说明音频资源在物理上或逻辑上包含了另一资源。

注释：对于成系列的音频资源，可根据实际需求采用多层次著录，在系列音频资源与其所属的单个资源之间用“包含”的关联方式建立联系。

术语类型：元素修饰词

限定：关联(relation)

编码体系修饰词：URI；DOI；ISRC；ISBN

示例：

包含：过雪山草地

注：题名：长征组歌

7.2.27 包含于

名称：is part of

出处：http://purl. org/dc/terms/

标签：包含于

定义：说明本音频资源是另一资源的物理或逻辑组成部分。

注释：对于成系列的音频资源，可根据实际需求采用多层次著录。在单个音频资源与其所属的系列音频资源之间用“包含于”建立联系。

术语类型：元素修饰词

限定：关联(relation)

编码体系修饰词：URI；DOI；ISRC；ISBN

示例：

包含于：长征组歌

注：题名：过雪山草地

7.2.28 原格式

名称：is format of

出处：http://purl. org/dc/terms/

标签：原格式

定义：说明本音频资源派生自另一资源，其内容相同，仅以不同的格式存在。

注释：对数字化的网络音频资源而言，建议以内容表达(作品的知识或艺术的表现)为一个著录单位，即同一数字化出版者或数字化制作者的、同一内容的所有单件(可以是不同格式)为一个著录单位。如根据实际应用需求，对同一数字化出版者或数字化制作者的、同一内容、不同格式的音频资源分别进行单独著录时，可在此处著录某一音频资源的原格式资源。

术语类型：元素修饰词

限定：关联(relation)

编码体系修饰词：URI；DOI；ISRC；ISBN

示例：

原格式：http://box. zhangmen. baidu. com/m? word = wma, , , [%C2%E8%C2%E8%BD%CC%CE%D2%D2%BB%D6%A7%B8%E8] &cat = 2&gate = 1&ct = 134217728&tn = baidumt, %C2%E8%C2%E8%BD%CC%CE%D2%D2%BB%D6%A7%B8%E8 + + &si = %C2%E8%C2%E8%BD%CC%CE%D2%D2%BB%D6%A7%B8%E8; ; ; ;0; ;0&lm = -1&mtid = 3&d = 7&size = 3145728&attr = 0,0&titlekey = 1792277871,1430643263&mtype = 1

编码体系修饰词：URI

7.2.29 其他格式

名称：has format

出处：http://purl. org/dc/terms/

标签:其他格式

定义:说明另一资源派生自本音频资源,其内容相同,仅以不同的格式存在。

注释:对数字化的网络音频资源而言,建议以内容表达(作品的知识或艺术的表现)为一个著录单位,即同一数字化出版者或数字化制作者的、同一内容的所有单件(可以是不同格式)为一个著录单位。如根据实际应用需求,对同一数字化出版者或数字化制作者的、同一内容、不同格式的音频资源进行单独著录时,可在此处著录某一音频资源的其他格式资源。

术语类型:元素修饰词

限定:关联(relation)

编码体系修饰词:URI;DOI;ISRC;ISBN

示例:

其他格式:http://zhangmenshiting2. baidu. com/data2/music/1713446/1713446. mp3? xcode = fece6775b19eb237944059f4f6438c8b&mid = 0. 82138875953657

编码体系修饰词:URI

7. 2. 30 参照

名称:references

出处:http://purl. org/dc/terms/

标签:参照

定义:说明本音频资源参照、引用或以其他方式指向另一资源。

术语类型:元素修饰词

限定:关联(relation)

编码体系修饰词:URI;DOI;ISRC;ISBN

示例:

参照:没有共产党就没有新中国:大合唱

注:题名:妈妈教我一支歌

7. 2. 31 被参照

名称:is referenced by

出处:http://purl. org/dc/terms/

标签:被参照

定义:说明另一资源参照、引用或以其他方式指向本音频资源。

术语类型:元素修饰词

限定:关联(relation)

编码体系修饰词:URI;DOI;ISRC;ISBN

示例:

被参照:妈妈教我一支歌

注:题名:没有共产党就没有新中国:大合唱

7. 2. 32 空间范围

名称:spatial

出处:http://purl.org/dc/terms/

标签:空间范围

定义:音频资源知识内容涉及的空间特征。

术语类型:元素修饰词

限定:时空范围(coverage)

编码体系修饰词:point;GB/T 2659—2000;TGN

示例:

空间范围:name = Perth,W. A. ;east = 115.85717;north = -31.95301

编码体系修饰词:point

7.2.33 时间范围

名称:temporal

出处:http://purl.org/dc/terms/

标签:时间范围

定义:音频资源知识内容涉及的时间特征。

术语类型:元素修饰词

限定:时空范围(coverage)

编码体系修饰词:period;GB/T 7408—2005

示例:

时间范围:name = The Great Depression;start = 1929;end = 1939;

编码体系修饰词:period

7.2.34 版权拥有者

名称:rights holder

出处:http://purl.org/dc/terms/

标签:版权拥有者

定义:拥有音频资源版权的个人或团体。

术语类型:元素修饰词

限定:权限(rights)

示例:

版权拥有者:中央人民广播电台

7.2.35 使用权限

名称:access rights

出处:http://purl.org/dc/terms/

标签:使用权限

定义:被授权可以使用音频资源的个人、机构的权限范围以及对资源密级状态的说明。

术语类型:元素修饰词

限定:权限(rights)

示例:

使用权限:国家图书馆局域网内使用

7.3 编码体系修饰词

7.3.1 汉语主题词表

名称:CT

出处:汉语主题词表

标签:汉语主题词表

定义:汉语主题词表。

术语类型:编码体系修饰词

编码体系应用于:主题(subject)

示例:

主题:交际舞舞曲

编码体系修饰词:CT

7.3.2 中国分类主题词表

名称:CCT

出处:中国分类主题词表

标签:中国分类主题词表

定义:中国分类主题词表。

术语类型:编码体系修饰词

编码体系应用于:主题(subject)

示例:

主题:相声

编码体系修饰词:CCT

7.3.3 中国图书馆分类法

名称:CLC

出处:中国图书馆分类法

标签:中国图书馆分类法

定义:中国图书馆分类法。

术语类型:编码体系修饰词

编码体系应用于:主题(subject)

示例:

主题:J647.43

编码体系修饰词:CLC

7.3.4 美国国会图书馆主题词表

名称:LCSH

出处:http://classificationweb.net/

标签:美国国会图书馆主题词表

定义:美国国会图书馆主题词表。

术语类型:编码体系修饰词

编码体系应用于:主题(subject)

示例:

主题:Clarinet and piano music

编码体系修饰词:LCSH

7.3.5 美国国会图书馆分类法

名称:LCC

出处:http://classificationweb.net/

标签:美国国会图书馆分类法

定义:美国国会图书馆分类法。

术语类型:编码体系修饰词

编码体系应用于:主题(subject)

示例:

主题:DS753

编码体系修饰词:LCC

7.3.6 GB/T 7408—2005

名称:GB/T 7408—2005

出处:GB/T 7408—2005 数据元和交换格式 信息交换 日期和时间表示法

标签:GB/T 7408—2005

定义:GB/T 7408—2005 标准中在信息交换中所涉及的日期和时间表示法。

术语类型:编码体系修饰词

编码体系应用于:日期(date);创建日期(created);发布日期(issued);可获得日期(available);时间范围(temporal)

示例:

创建日期:2009-10-10

编码体系修饰词:GB/T 7408—2005

7.3.7 DCMI 类型词表

名称:DCMIType

出处:http://purl.org/dc/terms/

标签:DCMI 类型词表

定义:用来对资源内容的性质或种类进行分类的类型词汇列表。

术语类型:编码体系修饰词

编码体系应用于:类型(type)

示例：

类型：Sound

编码体系修饰词：DCMIType

7.3.8 因特网媒体类型

名称：IMT

出处：http://www.iana.org/assignments/media-types/index.html

标签：因特网媒体类型

定义：资源的因特网媒体类型。

术语类型：编码体系修饰词

编码体系应用于：格式（format）；媒体（medium）

示例：

媒体：audio/mp3

编码体系修饰词：IMT

7.3.9 统一资源标识符

名称：URI

出处：http://www.ietf.org/rfc/rfc3986.txt

标签：统一资源标识符

定义：统一资源标识符（Uniform Resource Identifiers，简称 URI）。

术语类型：编码体系修饰词

编码体系应用于：标识符（identifier）；来源（source）；关联（relation）；原版本（is version of）；其他版本（has version）；包含（has part）；包含于（is part of）；原格式（is format of）；其他格式（has format）；参照（references）；被参照（is referenced by）

示例：

标识符：http://zhangmenshiting2.baidu.com/data2/music/23114265/23114265.mp3? xcode=ebb137f17a4ac920e5e97799d53c3ca4&mid=0.29023588433396

编码体系修饰词：URI

7.3.10 数字资源唯一标识符

名称：DOI

出处：http://www.doi.org/doi_handbook/TOC.html

标签：数字资源唯一标识符

定义：数字资源唯一标识符（Digital Object Identifier，简称 DOI）。

术语类型：编码体系修饰词

编码体系应用于：标识符（identifier）；来源（source）；关联（relation）；原版本（is version of）；其他版本（has version）；包含（has part）；包含于（is part of）；原格式（is format of）；其他格式（has format）；参照（references）；被参照（is referenced by）

示例：

标识符：10.5061/dryad.75nn1932/6

编码体系修饰词：DOI

7.3.11 国际标准音像制品编码

名称：ISRC

出处：http://www.iso.org/iso/catalogue_detail? csnumber=23401

标签：国际标准音像制品编码

定义：国际标准音像制品编码（International Standard Recording Code，简称 ISRC）。

术语类型：编码体系修饰词

编码体系应用于：标识符（identifier）；来源（source）；关联（relation）；原版本（is version of）；其他版本（has version）；包含（has part）；包含于（is part of）；原格式（is format of）；其他格式（has format）；参照（references）；被参照（is referenced by）

示例：

标识符：CN－F23－94－371－00

编码体系修饰词：ISRC

7.3.12 国际标准书号

名称：ISBN

出处：http://www.isbn.org/standards/home/isbn/international/index.asp

标签：国际标准书号

定义：国际标准书号（International Standard Book Number，简称 ISBN）。

术语类型：编码体系修饰词

编码体系应用于：标识符（identifier）；来源（source）；关联（relation）；原版本（is version of）；其他版本（has version）；包含（has part）；包含于（is part of）；原格式（is format of）；其他格式（has format）；参照（references）；被参照（is referenced by）

示例：

标识符：7－7991－0161－X

编码体系修饰词：ISBN

7.3.13 GB/T 4880.2—2000

名称：GB/T 4880.2—2000

出处：GB/T 4880.2—2000 语种名称代码　第 2 部分：3 字母代码

标签：GB/T 4880.2—2000

定义：GB/T 4880.2—2000 标准中的 3 字母语种识别代码。

术语类型：编码体系修饰词

编码体系应用于：语种（language）

示例：

语种：chi

编码体系修饰词:GB/T 4880.2—2000

7.3.14 RFC 4646

名称:RFC 4646

出处:http://www.ietf.org/rfc/rfc4646.txt

标签:RFC 4646

定义:根据 RFC 4646 确定的语种识别标签集合。

术语类型:编码体系修饰词

编码体系应用于:语种(language)

示例:

语种:zh-Hans

编码体系修饰词:RFC 4646

7.3.15 DCMI Point

名称:point

出处:http://purl.org/dc/terms/

标签:DCMI Point

定义:DCMI 地理位置,用地理坐标值来指明地点。

术语类型:编码体系修饰词

编码体系应用于:空间范围(spatial)

示例:

空间范围:name = Perth, W. A.; east = 115.85717; north = -31.95301

编码体系修饰词:point

7.3.16 GB/T 2659—2000

名称:GB/T 2659—2000

出处:GB/T 2659—2000 世界各国和地区名称代码

标签:GB/T 2659—2000

定义:GB/T 2659—2000 标准中的国家和地区代码。

术语类型:编码体系修饰词

编码体系应用于:空间范围(spatial)

示例:

空间范围:CN

编码体系修饰词:GB/T 2659—2000

7.3.17 TGN

名称:TGN

出处:http://www.getty.edu/research/tools/vocabulary/tgn/index.html

标签:TGN

定义:Getty 地理名称叙词表。

术语类型:编码体系修饰词

编码体系应用于:空间范围(spatial)

示例:

空间范围:Nanjing(inhabited place)(World,Asia,China,Jiangsu)[7001892]

编码体系修饰词:TGN

7.3.18 DCMI Period

名称:period

出处:http://purl.org/dc/terms/

标签:DCMI Period

定义:表示时间间隔的一种方法。

术语类型:编码体系修饰词

编码体系应用于:时间范围(temporal)

示例:

时间范围:name = The Great Depression;start = 1929;end = 1939;

编码体系修饰词:period

参考文献

[1] 全国广播电视标准化技术委员会. GY/T 202.1—2004 广播电视音像资料编目规范 第1部分:电视资料[S]. 北京:国家广播电影电视总局,2004.

[2] 全国广播电视标准化技术委员会. GY/T 202.2—2007 广播电视音像资料编目规范 第2部分:广播资料[S]. 北京:国家广播电影电视总局,2007.

[3] 肖珑,申晓娟. 国家图书馆元数据应用总则规范汇编[M]. 北京:国家图书馆出版社,2011.

[4] 王绍平,杨宗英,郑巧英,等. 音频资料描述元数据规范[EB/OL]. [2012-09-21]. http://cdls2.nstl.gov.cn/mt/blogs/2nd/archives/docs/CDLS-S05-031 音频资料元数据规范.pdf.

ISBN 978-7-5013-5733-8

9 787501 357338 >

定价：20.00 元